AF231785

NOTICE ÉLOGIEUSE

SUR

SAINT-JOACHIM ET SAINTE-ANNE

NOTICE ÉLOGIEUSE

SUR

Saint Joachim et Sainte Anne
à l'occasion de l'inauguration de la Statue
de cette dernière, en l'Eglise de Trèves
le 26 juillet 1876

PAR

L'ABBÉ CHAVANNE

Membre correspondant de la Société Littéraire, Historique
et Archéologique de Lyon.

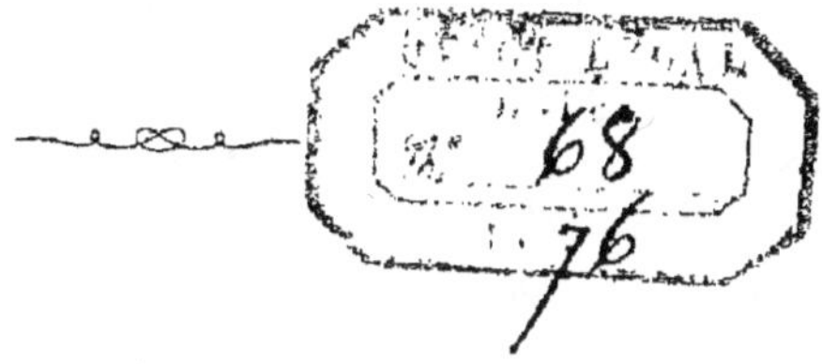

ROANNE

IMPRIMERIE ET LITHOGRAPHIE E. FERLAY, COURS DE LA RÉPUBLIQUE.

—

1876.

NOTICE ÉLOGIEUSE

SUR

Saint JOACHIM et Sainte ANNE,
à l'occasion de l'inauguration de la Statue
de cette dernière, en l'Eglise de Trèves,
le 26 juillet 1876.

I.

Saint Joachim. — Sa profession. — Son mariage avec Anne la stérile.
— Son pélerinage à Jérusalem. — Sa fuite dans la montagne. —
L'apparition de l'ange. — La promesse d'un enfant. — Son
retour dans la maison. — Naissance d'un enfant.

> *Beatus qui inventus est sine macula, et qui post aurum non abiit, nec speravit in pecunia et thesauris : qui probatus est in illo, et perfectus est, erit illi gloria æterna.*
> (Eccli. XXXI.)

Il est difficile de parler de sainte Anne sans mentionner son saint époux, ces deux vies étant inséparables.

Donc, d'après l'antique tradition, c'est-à-dire d'après les Évangiles apocryphes, dans ce qu'ils ont de plus conforme avec l'opinion de plusieurs Pères, il y avait en Palestine, dans la tribu de Juda, un bon paysan nommé Joachim, propriétaire et pasteur d'un nombreux troupeau de brebis, gardées par des serviteurs bergers de tout âge, qui servait Dieu dans la simplicité et la bonté de son cœur. Il faisait trois parts de son revenu : la première était consacrée aux veuves, aux orphelins, aux pauvres et aux voyageurs ; la deuxième au temple de Jérusalem ; la troisième pour lui, ses serviteurs et l'entretien de sa maison.

Cette conduite plut tellement à Dieu, que tout prospérait autour de lui.

Ce pieux montagnard descendait de la famille royale de David, tombée depuis des siècles dans l'obscurité, et vivait en père honnêtement et pieusement de son travail quotidien.

A l'âge de vingt ans, il épousa Anne, de la même tribu et de la même famille que lui.

Après un grand nombre d'années de mariage, sans avoir eu d'enfants, Joachim vit, un jour, passer sur la route qui longe sa maison, une troupe de pélerins arabes qui allaient à Jérusalem offrir de l'encens. Il se mêla à eux, emportant aussi avec lui des présents d'une autre nature. Arrivé au temple, un prêtre juif, nommé Ruben, l'ayant aperçu dans la foule, s'approcha de lui et l'apostropha en ces termes : Pourquoi te mêles-tu à ceux qui sacrifient au Seigneur, toi dont Dieu n'a pas béni le mariage en te donnant un enfant, à sa terre de Juda ? Humilié ainsi devant tout le peuple, Joachim sortit du temple les larmes aux yeux, et, au lieu de rentrer chez lui, il rejoignit ses serviteurs et ses troupeaux et s'enfonça avec eux dans les montagnes. Il y resta cinq mois sans donner signe de vie à sa chère épouse en grande peine, qui se désolait devant Dieu, dans sa prière, disant et répétant sur tous les tons :

« Seigneur, Dieu d'Israël, pourquoi m'avez-
» vous privée d'enfants ? pourquoi avez-vous
» éloigné mon époux ? j'ignore s'il est mort et si
» on lui a donné la sépulture. »

Elle faisait cette prière plaintive sous un laurier touffu de son jardin. Un matin elle tomba à genoux dans l'intérieur de sa maison, répandant des soupirs et des vœux. Puis faisant des efforts sur elle-même, quitta ses habits de deuil, revêtit sa robe, orna sa tête et descendit dans son jardin, sous le laurier témoin de ses larmes. Là elle fit cette prière :

« Dieu de mes pères, écoutez, bénissez-
» moi, comme vous avez écouté, béni Sara en lui
» accordant un fils. » En se levant elle aperçut
sur le laurier un nid de passereaux et se prit à
pleurer. « Quoi ! se dit-elle, je ne puis me com-
» parer aux oiseaux du ciel ? Du moins les oiseaux
» peuvent paraître devant vous, ô mon Dieu, et
» moi, je ne puis paraître devant vous ni entrer
» dans votre temple, parce que je ne suis pas
» mère ! De qui suis-je donc née pour être le
» mépris d'Israël ? »

Et comme elle finissait ces mots, un ange du
ciel apparut tout à coup devant elle, qui lui dit
de la part de Dieu : « Sèche tes larmes et ne
» crains point, car il est dans les desseins de
» l'Éternel de te donner un enfant et celui qui
» naîtra de toi sera l'admiration des siècles fu-
» turs », et il disparut à ses yeux étonnés.

Anne, émue et de joie de devenir mère et de
crainte d'être le jouet d'une illusion, remonta
dans sa chambre, se jeta sur son lit et y passa
tout le jour et toute la nuit dans le trouble et la
prière. Le jour venu, elle appela sa servante,
lui reprochant de n'être pas venue dans sa peine.
Celle-ci murmura : « Vous êtes stérile et séparée

» de votre mari, que puis-je y faire ? » Ce re-
proche amer lui fit couler de nouvelles larmes ;
dans le chagrin de son cœur elle retomba sur son lit
travaillée de perplexité mêlée d'un rayon d'espérance.

Sans le savoir elle ne se trompait pas, car le jour
et le moment où l'ange lui apparut pour lui an-
noncer la belle nouvelle de sa maternité, un autre
ambassadeur céleste apparaît à Joachim dans la
montagne, lui annonçant d'une manière plus ex-
plicite encore que de son sang naîtra une fille qui
habitera dans le temple et le Saint-Esprit descen-
dra en elle et son bonheur sera au-dessus du
bonheur des autres femmes, et son fruit sera béni
et sera elle-même bénie et appelée la mère de
l'Éternel.

« C'est pourquoi descends à l'instant de la
» montagne, retourne en ta propriété, toi, tes
» serviteurs et ton troupeau ; console ton épouse,
» et attends l'effet des promesses divines, en
» rendant grâces ensemble au Seigneur Dieu. »
Joachim dit à son tour à l'ange : « Mon Sei-
» gneur, asseyez-vous un peu sous la tente de
» votre serviteur, et prenons ensemble notre
» repas. » Et l'ange de lui répondre : « Ne t'ap-

» pelles pas mon serviteur ; nous sommes tous
» serviteurs du même père et maître qui est dans
» les cieux ; jamais fatigué de le servir, je ne
» m'assoierai point et je ne mangerai pas avec
» toi ; ma nourriture à moi est invisible et ma
» boisson, inconnue des hommes. Offres en sa-
» crifice à Dieu les mets que tu voulais me
» servir. » Et il disparut à ses yeux éblouis.

Joachim s'inclina de nouveau, obéit sans pro-
férer une parole de murmure, offrit le sacrifice
ordonné et se mit en marche vers sa maison,
suivi de ses serviteurs et de ses troupeaux.

Après avoir épanché son âme dans l'âme d'Anne
et rendu grâces à Dieu de ses apparitions, dès-lors
la paix, la joie, le bonheur sont rentrés au foyer
domestique. Neuf mois plus tard Anne enfanta
l'enfant promise destinée de toute éternité à devenir la Mère des vivants en remplacement de
la mère des morts, en donnant le jour à celui
qui est la Lumière de tout homme venant en ce
monde.

Suarez et plusieurs théologiens catholiques
assurent que la grande âme d'Anne avait su par
révélation les grandeurs et les glorieuses destinées
de Celle qu'elle avait mise au monde sans douleur

et sans lui communiquer notre tache originelle,
qu'elle la nommerait d'un nom particulier, Marie,
et qu'à la place de sa stérilité naturelle, son
cœur maternel se réjouirait grandement en
donnant son lait à celle qui, un jour, devait
donner à son Dieu, homme et Sauveur, le doux
nom de Jésus.

II

SA PRÉSENTATION AU TEMPLE

Quelques mois après ses couches, Anne alla
présenter son enfant au temple, à un prêtre qui
l'en avait auparavant honteusement chassée à
cause de sa stérilité naturelle, mais qui cette fois
l'accueillit avec respect. Après ses relevailles
et la bénédiction de l'enfant, elle chanta publi-
quement un cantique inspiré par la reconnaissance.

« Je chanterai un cantique de louanges au
» Seigneur mon Dieu, parce qu'il m'a visitée
» et enlevé de dessus moi l'opprobre dont me
» couvraient mes ennemis. Le Seigneur Dieu
» a mis en moi le fruit abondant de sa justice.

» Qui annoncera au fils de Ruben qu'Anne la
» stérile est devenue féconde par la volonté de
» Dieu et a donné au monde le fruit béni de
» ses entrailles ?

» Écoutez, écoutez, tribus d'Israël : voici
» qu'Anne la stérile a allaité ! »

N'est-ce pas là, Triviens, un cantique plein
de fierté modeste et de noble orgueil, sorti avec
élan d'un cœur joyeux de sa maternité ?

III

MORT DE JOACHIM ET D'ANNE.

—

Ici la tradition s'obscurcit et ne parle plus
qu'une seule fois de l'heureux père et de l'heu-
reuse mère, qui entoura de tant de soins délicats et
le berceau et l'enfance de la Reine des anges, qui
avait reçu son premier regard et son premier baiser,
qui avait dressé ses premiers pas dans la vie, qui
l'avait présentée au temple et consacrée à Dieu,
enfin qui lui avait donné les premières leçons des
lectures bibliques ; et c'est seulement pour annon-

cer sa sainte mort et celle de son époux que l'antique tradition parle d'eux la dernière fois.

En effet, Joachim n'était pas un artisan comme Joseph ; il cultivait, à la campagne, le petit domaine que ses parents lui avaient laissé ; ni riche, ni pauvre, il jouissait d'une honnête aisance par le travail champêtre et les soins donnés à son immense troupeau. Usé par l'âge et le labeur, il tomba gravement malade, fit appeler sa fille ; Marie vint aussitôt au moment où, les bras étendus, une révélation d'en-haut lui faisait voir les gloires futures de Marie ; alors sa face réfléta la joie des élus ; puis abaissant ses mains sur elle pour la bénir, il baissa sa tête et mourut paisiblement dans le Seigneur.

Hélas ! à peine Marie avait-elle cessé de pleurer en priant sur la tombe du patriarche, qu'une autre tombe allait s'ouvrir et déchirer de nouveau son tendre cœur.

Anne, avancée aussi en âge et sentant sa fin s'approcher rapidement, rassembla toutes ses forces défaillantes pour bénir sa fille de miracle, la recommander aux soins vigilants de ses proches parents ; les yeux levés au ciel, elle s'endormit du sommeil des justes.

Telle a été la vie et la mort de ces deux illustres personnages, choisis du Ciel pour donner à la terre la Mère du Christ, la couronne des anges et des saints, la reine des hommes, le modèle des femmes.

Ainsi on le voit, ces deux grandes âmes qui sont montées au ciel, ont été ici-bas les sources prédestinées entre tous les enfants d'Israël à une paternité sublime qui leur a valu l'honneur de donner le jour à la fille de Dieu le Père, à la mère de Dieu le Fils, à l'épouse de Dieu le Saint-Esprit.

Les premiers Pères de l'Église disaient que Marie, présentée une première fois au temple par sa mère, fut ramenée à la maison paternelle à cause de son âge trop tendre, mais qu'à l'âge de trois ans elle gravit elle-même les degrés du temple, accompagnée d'Anne et de Joachim, et fut placée définitivement sous la tutelle des gardiens du temple, pendant trois autres années, pour y être élevée, recevoir l'éducation et l'instruction, en compagnie d'autres jeunes filles, sous la maîtrise d'Anne la prophétesse qui, avait aussi peut-être élevé sainte Anne, sa mère. Mais avant cette tutelle des prêtres, sa mère l'avait déjà initiée à la lecture biblique, et de là est venue la représentation par les peintres et les sculpteurs de la fameuse leçon de lecture donnée par la mère à la fille.

Il est probable que ce fut le prêtre Zacharie qui, la seconde fois, reçut l'enfant privilégiée, dont il était d'ailleurs proche parent par une alliance avec Élisabeth.

La famille d'Anne s'appelait Émerentienne ou Mathan; elle habitait la petite ville de Séphoris, sise au pied de la fameuse montagne du Carmel, peuplée de solitaires, disciples des prophètes Élie et Élisée; la mère d'Anne allait souvent les visiter. L'un d'eux lui prédit un jour qu'elle serait mère de plusieurs enfants, dont Dieu se servirait pour le salut de son peuple, ce qui arriva en effet, car cette maison devint une grande famille, qui fut la souche de la sainte Famille, dont Anne règne aussi à la gloire. Le nom qui brillait sur sa poitrine et signifie *grâce et miséricorde*, lui fut donné par un ange. Quel titre plus magnifique ? Donner le jour à la Mère de Celui qui est la grâce et la miséricorde même !

Ce seul fait renferme toute une histoire de famille de saints, et que pourrait-on ajouter de plus, pour tant de grandeurs? Ah! si les familles chrétiennes imitaient ces deux vertueux époux! Comme eux, par la prière quotidienne, par le travail sanctifié, par la religion pratiquée, ils obtiendraient de la GRACE ET LA MISÉRICORDE de Dieu, ici-bas, les honneurs de la croix, et là-haut, la gloire dans le bonheur éternel.

La première des grandeurs d'Anne est sa prédestination. La deuxième, sa sanctification dans le sein de sa mère. La troisième, la conception et l'enfantement de la Vierge Marie, sans douleurs et sans tache originelle, en vue des futurs mérites infinis de la passion de Jésus-Christ.

Grandeurs éblouissantes, qui, sans l'humilier, font taire la raison humaine devant la divine raison créatrice.

La sanctification anticipée, dans les entrailles, de Jérémie, de Jean-Baptiste, de Joseph, n'était que la préface de l'Immaculée-Conception de Marie, qui devait s'opérer dans le sein d'Anne elle-même.

IV

SON CULTE — SES RELIQUES

—

Les survivants de la famille du Sauveur des hommes, fuyant la persécution, abordèrent aux rivages hospitaliers du midi de la France, emportant avec eux les restes des saints corps de leurs parents, morts en odeur de sainteté, entr'autres, le corps de sainte Anne.

Bientôt son culte et ses reliques se répandirent en Europe. L'Italie, l'Espagne, la France, l'Angleterre, la Belgique, l'Allemagne lui élevèrent des chapelles, lui dressèrent des autels, placèrent des paroisses sous son patronage, et instituèrent des confréries en son honneur. Les statuaires et les peintres la représentèrent instruisant la Vierge. Partout en Orient, comme en Occident, on l'honorait, on l'invoquait, et partout on obtenait des prodiges de secours spirituels et temporels, comme l'atteste l'auteur de la vie et du culte de sainte Anne; les saintes Gertrude, Brigitte, la mère Anne de Saint-Augustin et d'autres en ont obtenu de grandes faveurs, et les annales de son culte sont remplies des miracles les plus éclatants et les plus authentiques.

A Jérusalem existe une église dédiée à sainte Anne, où sont enterrés les parents de Marie; elle a été remise aux Français, après leurs premiers succès en Crimée, le jour même où l'immortel Pie IX proclamait le dogme de l'Immaculée-Conception, et cela sur les bords de l'Alma, comme pour rappeler l'ALMA MATER, source qui réjouit la cité de Dieu. Une seconde victoire est remportée sur les Russes, et la France la salue, le jour de l'Assomption. Enfin le triomphe est consommé le 8 septembre, jour de la Nativité de Marie, et couronné par le don à la France de l'église Sainte-Anne à Jérusalem, et au moment où l'Eglise universelle saluait la Mère de la Vierge Immaculée, Rome, Constantinople, l'Espagne, l'Italie, la Belgique, l'Allemagne, la Pologne, l'Autriche possédaient des églises sous son vocable. En France plusieurs villes en revendiquaient quelqu'une; à Lyon une chapelle en son honneur existe à Fourvière, et l'église monumentale d'une nouvelle paroisse qui porte son nom s'élève actuellement aux Brotteaux.

Et pourquoi ce culte universel? parce qu'il est une révélation spontanée du sentiment populaire, approuvé par l'Église catholique.

A qui devons-nous les trésors des saintes Reliques apportées en France? Selon l'historien Raban-Maur, à saint Lazare, aux saintes Femmes, Marie-Magdeleine, Marthe, Jacobée, Salomée, parents de la sainte Famille.

Les persécuteurs les firent cacher; mais découvertes miraculeusement dans la ville d'Apt, par un sourd-muet de naissance, qui fut guéri à leur apparition, sous le pontificat d'Adrien I, Charlemagne, le glorieux pacificateur de la barbarie, les fit mettre au jour et en honneur.

Au fond de la Bretagne se voit un petit village de difficile accès, appelé Kéron, qui veut dire village d'Anne, parce qu'il y avait autrefois une chapelle. Au XVIIme siècle on y en éleva une nouvelle, à peu de distance, sur les bords d'une lande, plus vaste, plus riche par son architecture et plus riche encore par ses reliques et les nombreux miracles qui s'y opéraient; aussi la foule de pélerins qui s'y rend trois fois l'année est-elle considérable?

Voici à quelle occasion elle fut érigée, en 1622.

Un fermier du sirc de Kerlognea, honnète paysan, de bonnes mœurs, d'un sens judicieux, pacifique, servant Dieu, honorant Marie et sa mère, laborieux, nommé Yves Nicolas Sic, ne pouvait jamais faire passer sans accident quelconque ses bœufs dans une terre à froment, malgré l'aiguillon et la présence de son beau-frère Jean le Roux. Obligé alors de le cultiver à la bêche, ce coin de terre portait toujours le plus beau froment, même dans les mauvaises saisons. Près de là coulait dans la prairie un petit ruisseau sur la paroisse de Plumeret, appelé Bocenno, où il menait abreuver ses bœufs, d'où il voyait souvent sortir des étoiles flamboyantes, qui est devenu aujourd'hui une belle fontaine de Sainte-Anne. A dater de cette époque Yves Nicolas Sic fut obsédé le jour et la nuit pendant deux ans par des visions, des apparitions, des chants d'une dame mystérieuse portée sur un ange éblouissant à voir.

Les conseils de son curé et du recteur des capucins lui firent redoubler ses prières, ses communions pour obtenir que cette mystérieuse dame se déclarât distinctement à lui sans ambage.

En effet, après une année d'attente, toujours avec les mêmes signes mystérieux, la dame blanche lui déclara ce qu'elle était et ce qu'elle voulait.

Donc le 25 juillet 1624, en revenant d'Auray en égrenant son chapelet, il approchait de sa maison près d'une croix de pierre, appelée depuis croix de Nicolas Sic, lorsque ses yeux étonnés revirent la belle dame toute lumineuse qui l'accompagna jusqu'à sa demeure, et disparut dans les airs. Il y entra, dit à peine quelques mots à sa femme et à ses domestiques qui l'attendaient pour souper ensemble, et, sous un prétexte futile, va se reposer dans sa grange sur la paille fraîchement battue, préoccupé de qu'il avait vu et demandant à Dieu de le délivrer de ses perplexités.

Par intervalle, il entend le bruit des pas et des voix d'une multitude dans le chemin qui longe la grange; il y court, il regarde, personne!! Et enfin vers minuit l'intérieur de la grange s'éclaire, une voix lui demande s'il sait qu'autrefois une chapelle existait sur le Bocenno, et avant qu'il eût pu répondre, la même voix lui dit distinctement et d'un ton plein de majesté :

« Yves Nicolas Sic, ne craignez point, je suis » Anne, mère de Marie; dites à votre Curé et

» aux Pères franciscains, que dans la pièce de
» terre, appelée le Bocenno, il y a eu autrefois,
» même sans qu'il existât de village, une cha-
» pelle célèbre, la première qu'on ait élevée en
» Bretagne en mon honneur. Voilà aujourd'hui
» neuf cent vingt quatre-ans et six mois qu'elle
» a été ruinée par les petits princes ennemis qui
» se disputaient le pays (1).«

» Je désire qu'elle soit établie au plus tôt
» par vos soins, Dieu veut que je sois encore
» glorifiée. »

Elle dit et disparut. Nicolas Sic obéit, mais
prêtres, religieux et laïques, personne ne voulait
le croire. Sainte Anne fut obligée d'appuyer sa
mission par de nouveaux prodiges, tel que la
découverte de son image, que Nicolas Sic, aidé
de son beau-frère, Jean-le-Roux, et de plusieurs
de leurs voisins, mirent au jour en creusant pro-
fondément la terre à l'endroit où ses bœufs s'ar-
rêtaient toujours sans jamais le franchir, et qu'ils
dressèrent sur le lieu même, entourée de deux
branches d'arbre ; tel aussi que l'incendie de la
grange par le feu du ciel, qui dévora entièrement

(1) L'histoire de la localité est conforme à cette date.

le toit, les murs, les pierres, sans endommager en rien, ni même noircir le blé, la paille et les ustensiles de la ferme.

Mais les prétendus esprits forts, comme de nos jours, attribuaient ces faits au hasard, à la fatalité, traitant les croyants d'ignorants, de superstitieux, de fous, qui voulaient faire passer leurs impostures pour des prodiges réels.

Yves Nicolas Sic répondait que les murs de la grange, construite par son père, l'avaient été avec les débris et les pierres taillées de l'ancienne chapelle, et que c'était un avertissement du Ciel.

En effet, le mardi après l'incendie, Yves Nicolas Sic et les mêmes témoins que plus haut virent une forte lumière, et vers les ruines ils entendirent un bruit confus qui se renouvela, à la même heure, plusieurs jours de suite. C'était le présage d'une foule nombreuse attirée par les prodiges répandus aussitôt au loin, qui arriva bientôt après, pour se jeter au pied de la statue miraculeuse, lui adresser ses pétitions et ses demandes.

Les religieux s'opposèrent avec menace et violence à cette démonstration ; mais rien n'y fit.

C'est qu'en ce temps-là la voix du peuple était la voix de Dieu. Enfin cessèrent les tribulations de Nicolas Sic. Monseigneur Duplessis, évêque de Vannes, fit ouvrir une enquête, envoya des commissaires sur les lieux, et ces commissaires enquêteurs, après de minutieuses recherches et informations, restèrent tous convaincus que le doigt de Dieu était là.

Un vieux capucin du monastère de Vannes vint les visiter et les trouvant agenouillés, durant une grande pluie, proposa d'élever une cabane de feuillage. Les paysans du voisinage accueillirent cette idée avec transport, et en quelques heures le champêtre édifice, couvert de genets, fut construit. Nicolas Sic courut chez lui chercher le plus large de ses coffres, le couvrit d'un linge blanc, le fit servir d'autel et y installa l'image miraculeuse, un peu vermoulue par le temps.

Dès ce moment furent jetées en cet endroit même les bases de la nouvelle chapelle monumentale. Tous ceux qui avaient empêché le peuple de se réunir en ce lieu furent immédiatement atteints dans leurs membres d'un mal intolérable, dont ils ne furent délivrés qu'en revenant dans la cabane faire amende honorable à sainte Anne et en les trempant dans l'eau du Bocenno.

Enfin, le 25 juillet 1625, un matin, il arriva plus de 30,000 pélerins accourus de tous points pour offrir leurs vœux et leurs prières à la Madone dans la grande chapelle, fruit des offrandes du peuple et des grands. Tout à côté les Carmes bâtirent un monastère qui subsista jusqu'à la grande Révolution.

Après cette époque néfaste Sainte-Anne d'Auray brille d'un nouveau lustre et par le concours des pélerins et par les nombreux prodiges qui s'y opèrent chaque année.

V

CONCLUSION.

—

Maintenant, vous le voyez, Triviens, tout dans ces faits que nous venons de redire est précis comme dans l'histoire d'hier, et émouvant comme dans les plus étonnants récits dramatiques de nos historiens modernes.

Comment, après cela, les révoquer en doute ? Celui qui l'essaierait serait obligé de se jeter dans le scepticisme le plus absolu. Les chrétiens durs à croire, si nombreux de nos jours, peuvent donc en toute tranquillité d'esprit se livrer à l'admiration des faits qu'ont racontés nos pères, qui n'étaient pas moins éclairés que nous.

L'incrédulité instruite, qui ne veut pas voir les desseins providentiels de Dieu sur les sociétés, a été vaincue du temps de Nicolas Sic ; elle le sera encore aujourd'hui par l'intercession des amis de Dieu qui sont les instruments de sa miséricorde sur les justes et les pécheurs.

Dire les nombreux miracles accomplis par sainte Anne dans toutes les villes d'Europe où elle est honorée, où on la patronne, est impossible dans cette courte notice. Sur ce point, qu'il suffise au lecteur, d'après ce simple exposé, d'apprécier la puissance de sainte Anne auprès de Dieu ; car c'est en conséquence de tous ces faits que nos pères l'ont priée, que les saints personnages l'ont honorée, que des paroisses l'ont prise pour patronne, que des villes ont été soigneuses de ses reliques, que les poètes l'ont chantée, que les artistes l'ont représentée sur la toile et sur la pierre, et que tous par-là même ont contribué à étendre son culte.

Nous aussi, chers Triviens, nous devons l'honorer, l'invoquer à présent que nous pouvons saluer son image exposée à notre piété.

Oui, et sans nul doute, saint Joachim et sainte Anne sont les vrais modèles des vrais pères et mères, que toutes les familles chrétiennes peuvent et doivent imiter dans leurs rapports journaliers avec les enfants, les domestiques, le travail et la religion.

Réjouissez vous donc de cette précieuse image de sainte Anne, don d'une belle âme qui a bien voulu en enrichir notre église, et que nous inaugurons aujourd'hui solennellement avec votre concours empressé, au milieu de la restauration complète à l'extérieur et à l'intérieur de notre église remise à neuf, resplendissante de lumière, d'ornementations, des autels pleins de souvenirs, des bannières paroissiales nouvelles, et de très beaux lustres, pensée d'une mère et de sa fille qui sont montées au ciel.

Nous le répétons, femmes chrétiennes, sainte Anne, ce modèle des mères, vous engagera à venir prier à ses pieds pour apprendre la tenue du ménage et la conduite à tenir vis-à-vis du mari, des enfants et de toute personne de la maison, et à vous enrôler sous son patronage.

Pères de famille, n'oubliez pas non plus saint Joseph, qui fait face aussi à sainte Anne, sa cousine, parce que ce père, gardien de la sainte Famille et de l'économie domestique, est devenu aussi votre modèle et votre patron, comme nous vous l'avons prouvé lors de son inauguration en 1875.

Puissent ces Saints obtenir des faveurs particulières aux bienfaiteurs de la nouvelle restauration intérieure de cette église, au chevet de laquelle se voit un ciel étoilé.

Puisse aussi le Ciel regarder favorablement mes premiers et mes derniers efforts entrepris pour le culte des saints patrons, l'honneur des paroissiens, l'achèvement et la décoration de la maison de Dieu, dont, toute ma longue vie, le zèle m'a *dévoré*, puis-je dire avec le Prophète-Roi : *Zelus domûs tuæ comedit me.*

Enfin puisse Dieu nous bénir tous, pasteur et troupeau, justes et pécheurs, durant la vie et jusque dans la mort.

> Et reputatum est ei in justitiam in generationem et generationem, usque in sempiternum.
>
> (Psalm. CV.)

VI

INVOCATION A SAINTE ANNE

Vous tous qui êtes effrayés par l'énormité de vos fautes, ou troublés par le remords, vous qui supportez les tentations les plus terribles ou les travaux les plus difficiles, vous qui êtes agités par la mauvaise fortune, assaillis par la calomnie ou la persécution ; vous qui êtes en proie aux passions les plus violentes, aux chagrins les plus cuisants, ou que la maladie accable, jetez les yeux sur Anne, pour qu'elle vous obtienne le pardon, la paix, le repos et l'adoucissement à vos peines. — Priez, croyez, espérez et dites :

Sainte Anne, mère si douce, si pieuse, j'invoque avec ferveur et confiance votre puissance qui n'a pas diminué ; mon cœur et ma bouche vous invoquent comme ma protectrice, mon aide, mon secours dans mes douleurs du corps et de l'âme ; obtenez-moi le repos, la paix, la guérison que vous n'avez pas refusés à tant d'autres, meilleurs que moi, mais non moins confiants en votre bonté maternelle.

Vous apparûtes un jour à une sainte âme et lui dîtes : Je suis la protectrice de tous les époux fidèles, car le fils de Dieu a voulu naître de ma fille : honorez-le par cette prière : Seigneur, soyez béni ; Jésus fils de la Vierge, qui avez choisi pour être votre mère la fille d'Anne et de Joachim, entendez nos prières, exaucez celles d'Anne, ayez pitié de moi et de tous ceux qui sont engagés dans les liens du mariage, afin qu'ils portent de dignes fruits pour le Seigneur Dieu. Dirigez aussi dans la bonne voie ceux et celles qui songent à se marier, afin que Dieu soit béni et honoré en eux.

AUTRE PRIÈRE

Apportée par les anges à la vénérable mère Anne de Saint Augustin, religieuse du couvent de Sainte-Thérèse (Espagne), après qu'elle eut fait placer les statues de sainte Anne et de saint Joseph dans sa nouvelle chapelle, où elle l'a fait inscrire :

« Bienheureuse Anne, qui régnez éternelle-
» ment avec les anges de Dieu, veuillez vous y
» souvenir de moi dans tous mes besoins du
» corps et de l'âme, et de telle sorte que je
» puisse être admis un jour dans votre compa-
» gnie. Ainsi soit-il. »

Cette inscription fut si agréable à Dieu, que Jésus, Marie, Anne et Joseph lui apparurent pour la féliciter et se réjouir avec elle.

Tous ceux, et ils sont nombreux dans tous les pays, qui l'ont invoquée avec confiance et persévérance en ont obtenu d'insignes faveurs ; et nous devons les croire d'une foi humaine tant que l'Église ne les a pas approuvés ou condamnés.

Ainsi, à Sainte-Anne d'Auray, un chroniqueur en compte plusieurs centaines, tant corporels que spirituels, tous plus étonnants les uns que les autres. De même à Apt, à Madrid, à Dijon

entr'autres, le prodige de sa délivrance de
l'affreuse peste de 1630 :

Ah ! si, pleins de foi, de prière et d'espérance,
vous renouvelez à genoux cette prière, sans nul
doute, tôt ou tard vous serez exaucés.

Tombez de nouveau à genoux et présentez
à qui de droit la pétition suivante :

« O Dieu, qui avez accordé à sainte Anne
» la grâce de mettre au monde la Mère de votre
» Fils unique, faites, dans votre miséricorde,
» que celle que nous invoquons et glorifions
» nous vienne toujours en aide auprès de vous
» par sa bienveillante protection, par notre
» Seigneur Jésus-Christ. Ainsi soit-il.

Ainsi soit-il.

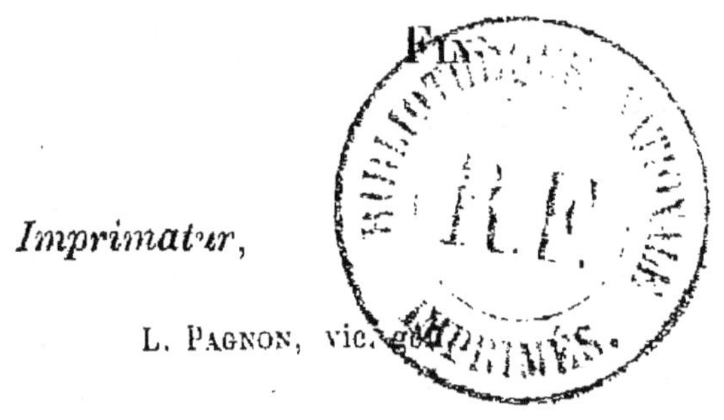

Imprimatur,

L. PAGNON, vic. gén.

FIN

Roanne. — Imp. E. FERLAY.